10.

COSAS QUE DEBERÍAS SABER SOBRE LOS

TRENES

Flying Frog Publishing

© 2016 SUSAETA EDICIONES, S.A.
This edition published by
Flying Frog Publishing
Lutherville, MD 21093
Made in India.

101

COSAS QUE DEBERÍAS SABER SOBRE LOS

TRENES

Contenido

Los orígenes del tren

1 El tren o ferrocarril

Es un medio de desplazamiento terrestre que transporta personas y mercancías. Está formado por vagones unidos entre sí que circulan sobre carriles y son impulsados por una locomotora. Aunque es un sistema utilizado desde la Antigüedad, los trenes que conocemos hoy en día aparecieron con la Revolución Industrial en el siglo XIX.

2 En las minas

El sector minero generalizó su uso desde el siglo XVI, pero adaptándolo a sus necesidades. Como tenían que funcionar en profundas cuevas, las vías eran estrechas y para que su instalación no costara demasiado se fabricaban en madera.

3 Los ferrocarriles se fortalecen

Poco a poco, los raíles se empezaron a revestir con hierro para que fueran más resistentes y duraderos. Este avance permitió también fabricar carriles más largos que soportaban mejor el peso de la carga y los rigores atmosféricos.

4 Llega el acero

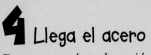

Pero aun así su duración en buen estado dependía del número de trayectos realizados y del mayor o menor peso de la carga del tren. Habría que esperar a mediados del siglo XIX para que los rieles empezaran a fabricarse con acero. ¡Ahora sí que podían con todo!

¿SABÍAS QUE...?

Algunos estudiosos creen que los antecedentes del tren se remontan al siglo VI antes de Cristo, época en la que para la construcción de templos los esclavos griegos utilizaban plataformas que empujaban sobre surcos excavados en la roca.

5 Empujar y tirar, tirar y empujar...

En sus comienzos, los vagones tenían que ser arrastrados por personas o animales de carga, normalmente caballos por su fuerza y resistencia. Hasta que a principios del siglo XIX se desarrolló el motor de vapor, que provocó una auténtica revolución en el transporte ferroviario.

6 Un motor, ¡por fin!

Sería el ingeniero británico Richard Trevithick quien construyera la primera locomotora de vapor. La probó en 1804 y consiguió remolcar cinco vagones cargados con varias toneladas, aunque no alcanzó la velocidad esperada y el peso rompió los raíles de hierro.

7 «The Rocket»

Unos años más tarde, su paisano George Stephenson sería el responsable de construir la primera línea ferroviaria de transporte de pasajeros, utilizando con éxito la locomotora de vapor. También diseñaría la primera línea ferroviaria moderna con su locomotora «The Rocket» (el cohete) al frente.

8 Un medio de transporte en auge

A partir de entonces los vagones serían impulsados por una locomotora de vapor, llamada así porque es el vapor de agua el que produce la fuerza necesaria para el empuje. Fue a partir de ese momento cuando el ferrocarril se convirtió en uno de los medios de transporte más utilizados.

9 Locomotoras más eficaces

Pero el reinado de la locomotora de vapor terminó a mediados del siglo XX, cediendo protagonismo a las locomotoras diésel y eléctricas, ya que estas últimas necesitan menos cantidad de combustible y consiguen mayor potencia.

10 Infraestructura todoterreno

Hay que destacar la labor que es necesario realizar para salvar los obstáculos del camino y conseguir que las vías lleguen a casi todos los rincones del mundo. La construcción de puentes y túneles ha sido fundamental en la historia del desarrollo del ferrocarril.

El caballo de hierro

11 Uniendo extremos

El tren jugó un papel primordial en la colonización del oeste
norteamericano. Así nació en 1860 el primer ferrocarril
transcontinental de Estados Unidos, una línea férrea cuyo objetivo
era comunicar el Salvaje Oeste con la creciente industria y el
comercio de la costa este.

12 Adiós a las diligencias

Su éxito logró acabar con las peligrosas
líneas de diligencias que a duras penas
lograban atravesar las llanuras del
oeste, y revolucionó la población
y la economía de este
enorme país. ¡Viajar por
el oeste por fin
era seguro!

13 Un trabajo duro

Para conseguir este ambicioso proyecto se construyeron casi 1,864 millas (3,000 km) de vías, gracias a infatigables trabajadores que realizaron esta titánica hazaña en tan solo seis años. Muchos de ellos perdieron la vida en el empeño.

14 Protectores

En los primeros desplazamientos por esta línea se incorporaron protectores de hierro a las locomotoras para evitar los daños que podía ocasionar a la máquina un choque frontal contra una roca o incluso un animal.

¿SABÍAS QUE...?

La línea férrea transcontinental fue construida por dos compañías, la Central Pacific (de oeste a este) y la Union Pacific (de este a oeste). Tuvieron que superar grandes dificultades hasta encontrarse, seis años después, en Promontory (Utah).

15 Un terreno complicado

En la construcción del ferrocarril estadounidense se encontraron con obstáculos de todo tipo, desde sofocantes llanuras que cruzar hasta gruesas montañas de roca que dinamitar, sin olvidar el peligro que suponía adentrarse en el territorio de los animales salvajes que poblaban la zona.

16 Resistencia indígena

Los pueblos indígenas también se resistieron al avance del «caballo de hierro», ya que veían en él una amenaza para sus tierras y su cultura. Al entrar en su territorio, los ataques se repetían día tras día.

La presencia de este «caballo de hierro» implicaba la explotación de los recursos de los nativos americanos.

17 Nuevas ciudades

Con el paso del ferrocarril aparecieron varias poblaciones a lo largo de sus vías, en un intento de urbanizar zonas que aún se consideraban salvajes. Algunos asentamientos duraron poco tiempo, debido a la dureza de la vida en territorios tan inhóspitos; otros perduran hoy en día.

18 Golden Spike

'Clavo de oro' en castellano. Es el último remache que se colocó en la línea transcontinental de Estados Unidos. Se fabricó especialmente para la ceremonia de finalización y actualmente está expuesto en la Universidad de Stanford (California).

¡Pasajeros al tren!

19 ¿Vagón o coche de pasajeros?

Cuando los vagones se destinan al transporte de personas se denominan coches de pasajeros. Es impresionante comprobar cómo han mejorado estos compartimentos para ofrecer a sus ocupantes toda la comodidad y seguridad posibles durante el trayecto.

20 ¿Una degustación sobre ruedas?

El coche bar dispone de cafetería, con barra y asientos que permanecen bien anclados al suelo. Los trenes más lujosos incluyen restaurantes con cocina propia en los que deleitarse con un buen menú.

21 Buenas noches

Los coches cama cuentan con camas o literas para que los pasajeros puedan descansar mientras viajan. Es frecuente encontrar este tipo de coche de pasajeros en los recorridos de larga distancia.

22 ¿Tomamos el aire?

Hace algunos años los trenes de pasajeros incluían una pasarela que, además de comunicar unos coches con otros, permitía a los viajeros salir al exterior a tomar el aire o a observar el paisaje en primera línea.

23 El Orient Express

El famosísimo Orient Express llegó a unir París con Estambul. Realizó su primer trayecto en 1883 y fue conocido en su época como el tren más lujoso del mundo. Transportó pasajeros a través de Europa hasta el año 2009.

24 Todas las comodidades

Los trenes más modernos tienen incluso butacas reclinables, conexión a internet, aire acondicionado, televisión e hilo musical. Todo lo necesario para conseguir que la experiencia de viajar resulte agradable y satisfactoria.

Locomotoras

25 La propulsión del tren

La locomotora es parte imprescindible del tren, ya que sirve para propulsarlo. En los comienzos los trenes eran tirados por animales, que podían llevar una cantidad determinada de carga, pero si se sobrepasaba surgían problemas. Como hemos visto, la invención del motor de vapor y su aplicación a la locomotora supuso un avance que revolucionó la industria ferroviaria.

La locomotora de vapor necesitaba un maquinista y un fogonero.

26 Funcionamiento

El motor de vapor utilizaba una caldera colocada en su parte inferior para quemar el combustible (normalmente carbón). Esto hacía que se calentase el depósito de agua y el vapor resultante era el responsable de impulsar la máquina. La mayor o menor cantidad de vapor era lo que determinaba la potencia.

Funcionamiento de la locomotora de vapor

27 ¡Qué humos!

La chimenea era otra de las partes esenciales de esta clase de locomotoras, ya que a través de ella se expulsaba el vapor de agua una vez que había producido el empuje. También conducía al exterior el humo procedente de la combustión.

28 Campanadas y silbidos

Desde sus orígenes, se equipó a este tipo de locomotoras con campanas y silbatos para avisar de la llegada o salida de un tren. Con esta sencilla técnica los empleados y las personas próximas a la vía eran advertidos del peligro del paso del tren.

29 Trabajadores

Se necesitaban dos operarios para poder manejar una locomotora de vapor: el maquinista, que la conducía, y el fogonero, que era el encargado de mantener la cantidad de combustible necesaria en la caldera.

30 Cargadores automáticos

El fogonero debía echar el carbón en la caldera con una pala para mantener la potencia. A veces la locomotora era tan grande que el esfuerzo de palear sin descanso era enorme y no se alcanzaba la velocidad necesaria. Para superar este obstáculo se inventaron los cargadores automáticos de carbón.

31 Sistema de frenado

En un principio el sistema de frenos de la locomotora era independiente del resto del tren. Para evitar esta falta de seguridad se inventó el freno de aire, que permitía al maquinista controlar el frenado de todos los vagones.

32 Condensadores

Una de las grandes desventajas de la locomotora de vapor era la enorme cantidad de agua que consumía: según el trayecto que se hiciera, podía resultar complicado reponerla. Esto también se resolvió con la incorporación de condensadores, unos dispositivos que reciclaban el vapor sobrante y volvían a convertirlo en líquido.

Contenedor del carbón

Depósito de agua

52 3378

33 Locomotora «Big Boy»

Era un tipo de locomotora gigantesca que se fabricó en la década de 1940. Era sencilla de manejar y alcanzaba una velocidad de 80 millas (130 km/h) arrastrando una carga de más de 3,000 toneladas.

34 El fin del vapor

Las locomotoras de vapor fueron eclipsadas por las locomotoras diésel, impulsadas por el desarrollo de los motores de combustión interna, y por las locomotoras eléctricas, que se popularizaron tras la crisis del petróleo de 1973.

35 El poder de la electricidad

Hoy día las locomotoras más utilizadas son las eléctricas, que obtienen la energía de una fuente externa (la catenaria o un tercer riel) y cuentan con baterías o dispositivos de almacenamiento dentro del propio tren. También abundan las locomotoras diésel-eléctricas, que incorporan un sistema híbrido.

En la estación

36 Punto de encuentro

Es el conjunto de instalaciones desde las que parten o a las que llegan los trenes. Generalmente se componen de vías, andenes, terminales de viajeros y transporte de mercancías. Se han ido desarrollando desde el siglo XIX, adquiriendo una importancia que va más allá de las funciones que desempeñan.

37 Vías muy estables

Están formadas por todos los elementos que sirven de base para que el tren se desplace: los raíles y las traviesas. Se colocan sobre una base de roca triturada que se llama balasto y sirve para mantener la estabilidad de la vía.

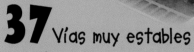

38 Raíles o rieles

Son las barras metálicas sobre las que discurre el tren. Sus funciones varían según la clase de ferrocarril, pero generalmente sirven de soporte y guía. En los modelos más innovadores son esenciales para transmitir la corriente eléctrica o magnética que permite avanzar al tren.

39 Traviesas

Son los listones perpendiculares al raíl y suelen estar fabricados en madera, hierro u hormigón. Se utilizan para dar firmeza a la estructura de la vía y evitar las deformaciones que podrían aparecer por el peso de los trenes.

¿SABÍAS QUE...?

El monorraíl es un tren en el que los vagones están suspendidos o se desplazan sobre un único raíl.

40 El andén

Es la zona de la estación por la que circulan los viajeros. Está separado de la vía férrea, pero sirve para acceder al tren de forma cómoda y sin riesgos. El objetivo de los últimos años ha sido su adaptación a las personas con movilidad reducida.

41 Terminales de viajeros

Es donde se atienden las necesidades de los pasajeros. Según la importancia de la estación, puede disponer de taquillas para comprar los billetes, aseos, sala de espera, bares, restaurantes… ¡Incluso algunas cuentan con un centro comercial en su interior!

42 Servicio de mercancías

Algunas estaciones grandes cuentan con instalaciones dedicadas a la carga y descarga de mercancías, aunque los trenes de carga suelen tener sus propias dependencias cerca de los polígonos industriales.

43 Servicio a los trenes

Otras estaciones cuentan con zonas reservadas
al estacionamiento de vagones o dedicadas
al abastecimiento de agua y combustible.
¡Y pensar que hace pocos años las
locomotoras tenían que girar sobre
unas plataformas para cambiar el
sentido de la marcha!

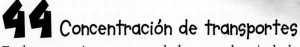

44 Concentración de transportes

En las zonas importantes de las grandes ciudades confluyen en un mismo
recinto estaciones de tren, metro, autobús y taxi, facilitando el transbordo de
los pasajeros de un transporte a otro: es lo que se llama intercambiadores.

Tipos de trenes

45 Cada uno a su manera

Según el lugar por el que transcurran, la energía que utilicen para desplazarse, lo que transporten o la velocidad a la que se desplacen, podemos distinguir varios tipos de vagones y trenes, cada uno con su nombre propio y sus características específicas.

Vagón plataforma   Vagón abierto   Vagón portacontenedores   Vagón cerrado   Vagón cisterna   Vagón para cereales

46 Según lo que transporten

Pueden ser trenes de pasajeros o trenes de carga o de mercancías. Los vagones de estos últimos se adaptan a la mercancía que transportan y hay varias categorías dentro de cada modalidad.

47 Según las vías por las que circulan

Algunos circulan por vías sencillas, que constan de un único carril por el que los trenes circulan en ambos sentidos. Otras líneas cuentan con vía doble, dedicando cada carril a un sentido de la marcha.

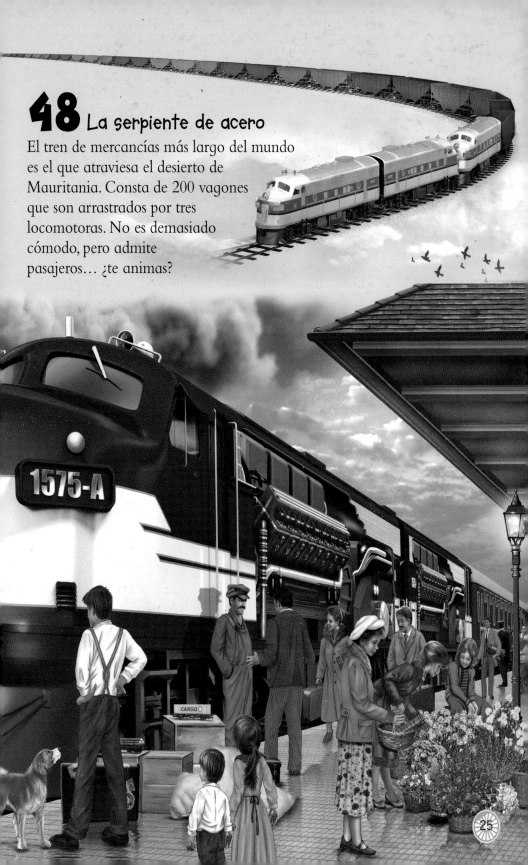

48 La serpiente de acero

El tren de mercancías más largo del mundo es el que atraviesa el desierto de Mauritania. Consta de 200 vagones que son arrastrados por tres locomotoras. No es demasiado cómodo, pero admite pasajeros… ¿te animas?

1575-A

CARGO

49 De corta distancia

Son aquellos trenes que transportan
pasajeros dentro de un
territorio limitado.
A su vez, pueden ser
trenes de cercanías,
si conectan la ciudad
con sus afueras,
o interurbanos,
si comunican
unas
ciudades
con otras.

50 Tranvía

Se trata de un tren de pasajeros que discurre por la superficie de vías
urbanas, compartiendo el asfalto con el resto de vehículos. El primer
tranvía eléctrico recorrió las calles de Berlín en 1879.
Entre sus ventajas destaca el bajo nivel de
contaminación medioambiental y acústica.

51 Funicular

Es un tipo de ferrocarril especial que se utiliza en pendientes. Dispone de dos cabinas colocadas sobre sus respectivos raíles, unidas con un cable que aprovecha la fuerza de la cabina situada en la parte superior para empujar a la que está situada en la parte inferior.

52 El tren cremallera

Si la pendiente es muy pronunciada, se añade un tercer raíl intermedio con un engranaje de seguridad que impide que el tren pueda retroceder. Este mismo sistema también se utiliza en las montañas rusas de los parques de atracciones para asegurar las elevaciones más pronunciadas.

¿SABÍAS QUE...?

En China se encuentra la línea ferroviaria más alta del mundo, que llega a la capital de Tíbet. ¡Imagínate viajar en un tren a más de 16,000 pies (5,000 metros) de altura!

El metro

53 Metropolitano

La palabra «metro» es una abreviatura de Metropolitano, aunque en algunos países se llama Subterráneo, haciendo referencia a que sus vías se construyen en su mayor parte bajo tierra. Es un sistema ferroviario que se utiliza para el transporte masivo de pasajeros que necesitan ir a distintos puntos de la ciudad o de sus alrededores.

54 Grandes ventajas

Su gran capacidad para albergar viajeros y la rápida frecuencia con la que se suceden los trenes han hecho que sea el medio de transporte más utilizado en las ciudades que cuentan con él.

55 Control del tráfico

Precisamente por la rapidez con la que se sucede un metro tras otro, ha sido necesario establecer complejos sistemas de control que garanticen la seguridad de las líneas y la buena gestión de la circulación.

56 Limpio

Tiene además otras ventajas, pues al ser eléctrico apenas contamina, y al ir bajo tierra se evitan las molestias que ocasiona el tráfico urbano: autos, semáforos, cruces, atascos…

57 Importancia del suelo

Para que en una ciudad se pueda excavar una línea de metro es necesario previamente analizar y valorar la calidad del suelo. Es imprescindible que el terreno sea sólido y alejado de zonas sísmicas.

Museum Street

Park Street

58 ¿Tren fantasma?

La cantidad de personal encargado del manejo del metro ha ido reduciéndose paulatinamente. ¡Actualmente en algunas líneas se prescinde hasta del conductor, como si fuera un tren fantasma! En esos casos el recorrido se controla a través de sistemas informatizados.

59 Animales

Al igual que en el resto de transportes públicos, los animales no pueden viajar fuera de jaulas perfectamente cerradas, excepto los perros guía que acompañan a personas discapacitadas.

60 Metropolitan Railway

El primer metro del mundo, que funcionaba con locomotoras de vapor, se inauguró en Londres en el año 1863 y tenía un recorrido de 3.7 millas (6 km). Sus líneas se han ido ampliando hasta conseguir las 250 millas (400 km) de vías con que cuenta en la actualidad.

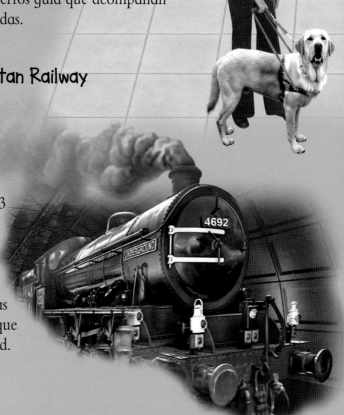

61 Subway

Es el nombre que recibe el metro de Nueva York, cuya primera línea subterránea comenzó a funcionar a finales del siglo XIX. ¡Actualmente cuenta con más de 620 millas (1,000 km) de vías primarias en servicio!

62 El más utilizado

Pero si hablamos de la cantidad de personas que transporta, no podemos olvidar al metro de Tokio, que soporta una media de 7.2 millones de pasajeros… ¡al día! Curiosamente, hay personas contratadas para empujar a la gente para que pueda entrar en los vagones llenos.

63 El palacio subterráneo

Es como se conoce al metro de Moscú, que se inauguró en 1935 y es considerado como uno de los más bonitos del mundo. Sus mosaicos, lámparas, vidrieras policromadas, molduras y esculturas hacen sentir al pasajero que está paseando por el interior de un elegante y suntuoso palacio.

Los más veloces

64 Tren de alta velocidad

Se llama así al tren capaz de alcanzar velocidades superiores a las 125-155 millas (200-250 km/h), aunque en algunos tramos sobrepasa sin esfuerzo las 220 millas (350 km/h). Japón fue uno de los países pioneros, inaugurando la primera línea de alta velocidad en 1964.

65 Cabina

La cabina del conductor está equipada con la última tecnología, lo que permite que los trenes de alta velocidad sean uno de los medios de transporte más seguros, a pesar de la velocidad tan vertiginosa que llegan a alcanzar.

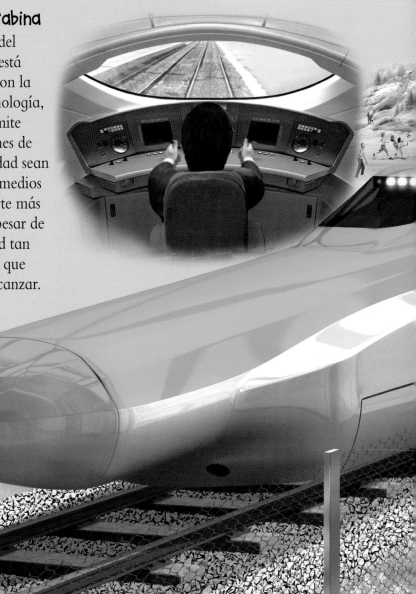

66 Todo energía

Todas las líneas de alta velocidad funcionan con energía eléctrica. Al ser los trenes más modernos, son también los que ofrecen mayores comodidades, consiguiendo que los recorridos de larga distancia resulten breves y placenteros.

67 Para no descarrilar...

Para alcanzar semejante velocidad el trazado de las vías tiene que ser lo más recto posible, evitando curvas y pendientes. Algunos modelos poseen vagones basculantes controlados por ordenador para que no sea necesario reducir de velocidad en las curvas, evitando así el peligro de descarrilamiento.

68 Función aerodinámica del diseño

El característico diseño del tren, con el morro aplastado, consigue reducir la circulación del aire por debajo de él, evitando que la máquina frene su marcha e impidiendo que se eleve y se produzca el descarrilamiento.

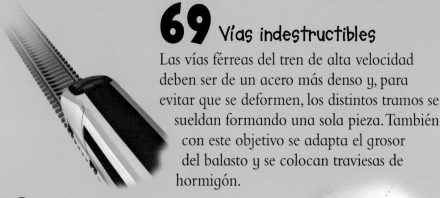

69 Vías indestructibles

Las vías férreas del tren de alta velocidad deben ser de un acero más denso y, para evitar que se deformen, los distintos tramos se sueldan formando una sola pieza. También con este objetivo se adapta el grosor del balasto y se colocan traviesas de hormigón.

70 Infraestructura de campeonato

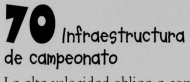

La alta velocidad obliga a construir un gran número de túneles y puentes con unas características especiales para que no se tambaleen los cimientos al atravesarlos. Este costoso proceso de creación de infraestructuras es la mayor desventaja de este tipo de líneas.

71 Señalización

El sistema de señalización es distinto al de los trenes tradicionales, pues para poder maniobrar a tiempo el maquinista necesita recibir las indicaciones con más antelación. Con esta finalidad se instalan antenas que captan las señales en décimas de segundo.

72 Caja negra

Al igual que los aviones, estos trenes disponen de un sistema de cajas negras que graban tanto las señales recibidas como las acciones del maquinista. Estas cajas solo se examinan en caso de accidente.

¿SABÍAS QUE...?

Los trenes rápidos han de pesar lo menos posible para proteger las vías. Por este motivo se fabrican coches y motores igual de seguros, pero más ligeros.

73 ¡Y siguen mejorando!

La alta velocidad ha experimentado un desarrollo espectacular en las últimas décadas, ¡y continúa evolucionando! Algunos expertos aseguran que estos trenes llegarán a reemplazar por completo a los trenes tradicionales.

Trenes que «vuelan»

74 La levitación magnética

Decimos que un cuerpo levita cuando se mantiene suspendido en el aire de forma estable y sin estar en contacto con ningún objeto físico. Existe un tipo de trenes que consigue levitar gracias a la fuerza de repulsión que originan dos imanes de polos opuestos. También se les conoce como Maglev, nombre que procede de su denominación en inglés (Magnetic Levitation).

Los polos iguales de un imán se re-pelen, por eso no hay contacto.

Cuando los polos son opuestos, se atraen. Esa es la función de los imanes que estamos acostumbrados a ver.

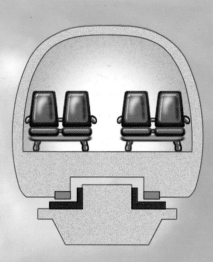

Hay potentísimos electroimanes en la vía.

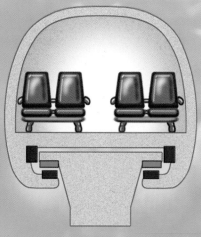

Y también los hay en los propios vagones.

Los imanes colocados tanto en las vías como en los vagones son tan sumamente potentes que, al repelerse por tener enfrentados los polos idénticos, logran mantener todo el tren en levitación, ¡suspendido en el aire!

75 A 360 millas (580 km/h)...

Uno de los puntos fuertes de este sistema es la velocidad, pues permite que los trenes alcancen las 360 millas (580 km/h). Al no existir ningún tipo de rozamiento la velocidad se multiplica, consiguiendo realizar trayectos de larga distancia en unos cuantos minutos.

76 ... ¡y ni se inmuta!

Al no existir contacto físico entre las ruedas del tren y la vía, el desgaste de sus componentes es mínimo y, una vez puesto en marcha, los costes de mantenimiento no resultan elevados.

77 No se oye ni una mosca...

Otra de las ventajas de este sistema de levitación es la ausencia de ruido. ¡Adiós a la contaminación acústica!

78 ¿Dónde está el motor?

El motor no está situado en la locomotora, como en los trenes tradicionales, sino en los raíles. Es el flujo magnético el que consigue que todo el tren se eleve y avance.

79 Adaptable a cualquier terreno

Como el motor está situado en el suelo, el Maglev se caracteriza por ser un tren más ligero. Además, la corriente electromagnética se puede regular por tramos, adaptándola a las necesidades del terreno.

80 Shanghai Maglev

Es la primera línea comercial de levitación magnética dedicada al transporte de viajeros. Comenzó a funcionar en esta ciudad china en 2004, con un recorrido de unas 18.5 millas (30 km) que une el aeropuerto de Shanghái con el centro urbano financiero. ¡Solo tarda siete minutos y medio!

81 Ni un descarrilamiento

A pesar de las elevadísimas velocidades, nunca se ha producido ningún descarrilamiento y el riesgo es prácticamente inexistente, ya que la fuerza de los electroimanes obliga al tren a levitar sobre el carril.

82 Algo costoso...

Pero no todo son ventajas. Se necesita mucha energía para mantener y controlar la polaridad de los imanes, y el coste de la construcción y colocación de las vías es tan elevado que actualmente resulta imposible utilizarlo para largas distancias.

83 ¡Poco peso, por favor!

Debido a sus características de fabricación, otro de los inconvenientes que tiene es que no puede cargar demasiado peso, por lo que no es posible utilizarlo para el transporte de mercancías. Eso sí, es muy confortable para viajar.

¿SABÍAS QUE...?

Por razones de seguridad, este tipo de tren tiene un único y largo coche de pasajeros, y no es posible añadir vagones adicionales con la misma facilidad que en los trenes tradicionales.

MAGNETIC LEVITATION

La importancia de los túneles

84 Bajo ciudades, montañas... ¡y mares!

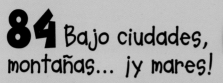

La construcción de túneles tiene un papel fundamental en cualquier tipo de transporte terrestre, ya que se utilizan para sortear barreras naturales como montañas o incluso mares, pero también para aprovechar el espacio al máximo, como es el caso de los que se excavan en las grandes ciudades.

85 Tuneladoras, grandes titanes

La tarea de construir túneles se lleva a cabo gracias a unas máquinas cilíndricas llamadas perforadoras o tuneladoras, que suelen disponer de una cabeza giratoria con potentes anillos de corte que consiguen abrirse paso poco a poco entre tierra y rocas.

86 ¡A recoger!

Detrás de la tuneladora y arrastrada por ella va otra máquina que se encarga de recoger y transportar los escombros. Excavar un túnel es un proceso costoso, tanto en tiempo como en dinero.

87 El Eurotúnel

Empezó a funcionar en 1994 y es uno de los más famosos del mundo por atravesar el canal de la Mancha… ¡por debajo del mar! Mide 31 millas (50.5 km) y cruzarlo lleva poco más de media hora.

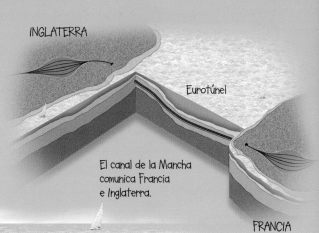

INGLATERRA

Eurotúnel

El canal de la Mancha comunica Francia e Inglaterra.

FRANCIA

88 Estructura compleja

El Eurotúnel está compuesto por tres túneles distintos: dos de ellos
se utilizan para separar los sentidos de ida y de vuelta, y el tercero,
colocado en la zona central, se destina a los servicios de mantenimiento
y emergencia.

Conducto para igualar la presión
del aire de los túneles

Túnel de ida

Túnel de
vuelta

Tren de
transbordo
(Shuttle)

Túnel de
servicios y
emergencias

Tren de
pasajeros
(Eurostar)

89 Todo está calculado

Para igualar la presión del aire que circula en el interior de los túneles
principales y así evitar accidentes y desperfectos en la estructura, los carriles
ferroviarios se comunican a través de unos conductos de 6.5 pies (2 metros)
de diámetro colocados cada 820 pies (250 metros). Además disponen
de pasarelas de cruce que permiten la comunicación entre los túneles
ferroviarios y el central, logrando el acceso de los equipos de mantenimiento
y emergencia, y ayudando a la circulación interior del aire.

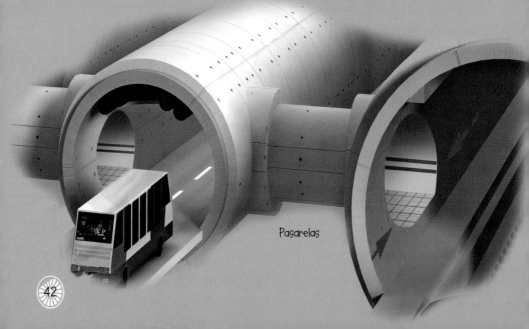

Pasarelas

90 ¡Menuda hazaña!

Para su construcción fueron necesarios siete años de duro trabajo, realizado por más de 1,300 personas y 11 tuneladoras, cada una de las cuales medía el doble de un campo de fútbol... ¡imagina dos campos de fútbol uno detrás de otro!

91 Trenes que circulan por el Eurotúnel

A través del Eurotúnel circulan dos tipos de trenes: el Eurostar, dedicado al transporte de pasajeros, y el Shuttle, encargado de transportar camiones, automóviles y motos.

Eurostar

92 Eurostar

Es el tren de alta velocidad que comunica Londres, París y Bruselas. Llega a alcanzar las 185 millas (300 km/h), excepto en el Eurotúnel, pues debido a las características especiales de la construcción de estas vías no está permitido rebasar las 87 millas (140 km/h).

93 Túnel de San Gotardo

Excavado en el subsuelo de los Alpes Suizos es, por el momento, el túnel ferroviario subterráneo más largo del mundo. Cuenta con una longitud de 35.5 millas (57 km) y se prevé que en el año 2017 podrán circular trenes de pasajeros a 155 millas (250 km/h).

Zúrich

Alpes Suizos

Antiguo túnel

Bodio

Túnel de San Gotardo, 35.5 millas (57 km)

Los trenes del futuro

94 ¿Un tren volador?

Los estudios que se están realizando tienen el objetivo de vencer la resistencia del aire para aumentar la velocidad y equiparar el ferrocarril al transporte aéreo. Las aeronaves consiguen superar este obstáculo volando a gran altura, donde el aire es menos denso y la resistencia, por tanto, es menor.

EUROPEAN AIRLINES

¿SABÍAS QUE...?

Para hacer más eficientes los trenes de alta velocidad, se estudia la idea de suprimir las paradas: los cambios de tren se harían en marcha, usando lo que serían unos «andenes móviles».

95 Túneles de vacío

Es una de las opciones que se baraja, pues al extraer la presión atmosférica que ejerce el aire sobre la tierra se podrían alcanzar velocidades de unas 5,000 millas (8,000 km/h).Algo difícil de imaginar, ¿verdad?

96 ¿Sobre el mar?

Incluso se ha pensado ir más allá y comunicar continentes, combinando la tecnología de los Maglev y el túnel de vacío. Hay proyectos en los que los trenes circulan sobre el agua en una especie de flotadores especiales o sobre carriles anclados al fondo del mar. ¡Como en una autopista transoceánica!

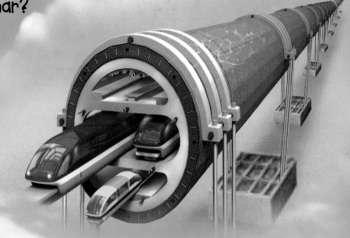

97 ¡En tiempo récord!

Uno de estos estudios plantea sobre el papel la posibilidad de viajar de Londres a Nueva York en menos de una hora. ¡Y son casi 3730 millas (6,000 km)! Aún no se ha puesto en práctica, pues los costes son casi tan elevados como los obstáculos que se encontrarían en el momento de pasar a la acción.

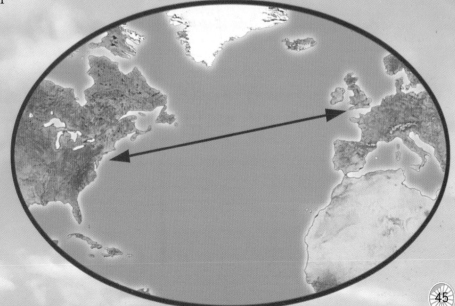

98 Teoría sin práctica... por ahora

Aunque la tecnología y los estudios no hacen más que avanzar, los inconvenientes que plantean la propia excavación y el sistema de vaciado hacen que hasta la fecha los experimentos no hayan salido del laboratorio.

99 Un montón de pros

Son muchas las ventajas de un sistema de desplazamiento de estas características: el incremento de la velocidad, la reducción del consumo de combustible en relación al que necesita un avión, la mínima contaminación, la ausencia de ruido... Pero ¿cómo afectarían estos proyectos a la vida submarina?

100 Trenes solares

Con el interés de preservar el medio ambiente, otros proyectos apuestan por la incorporación de paneles fotovoltaicos a lo largo del trayecto del tren, para que la energía eléctrica que consume pueda regenerarse mientras recorre la distancia prevista.

101 Motores de hidrógeno

Otra propuesta de futuro más factible es cambiar los motores de las locomotoras actuales por potentes motores de células de hidrógeno. Este gas se obtendría a través de electrólisis, un proceso que separa las células del agua usando la corriente eléctrica, lo que resultaría mucho más ecológico.

Índice